本书获“北京高校高精尖学科项目（中国语言文学）”专项资助，亦获北京语言大学梧桐创新平台项目资助（中央高校基本科研业务费专项资金），项目批准号 16PT06

语言学概论

课程标准和教学大纲

北京语言大学人文社会科学学部 编

北京语言大学出版社
BEIJING LANGUAGE AND CULTURE UNIVERSITY PRESS

图书在版编目（CIP）数据

语言学概论课程标准和教学大纲 / 北京语言大学人文社会科学学部编. -- 北京：北京语言大学出版社，2020.12（2023.3重印）
汉语国际教育本科专业课程系列教材
ISBN 978-7-5619-5812-4

Ⅰ. ①语… Ⅱ. ①北… Ⅲ. ①汉语—对外汉语教学—教学研究—高等学校 Ⅳ. ①H195.3

中国版本图书馆CIP数据核字(2020)第249357号

语言学概论课程标准和教学大纲
YUYANXUE GAILUN KECHENG BIAOZHUN HE JIAOXUE DAGANG

排版制作：华伦图文制作中心
责任印制：邝 天

出版发行：北京语言大学出版社
社 址：北京市海淀区学院路 15 号，100083
网 址：www.blcup.com
电子信箱：service@blcup.com
电 话：编辑部 8610-82303395
发行部 8610-82303650/3591/3648
北语书店 8610-82303653
网购咨询 8610-82303908
印 刷：北京虎彩文化传播有限公司

版 次：2020 年 12 月第 1 版　印 次：2023 年 3 月第 2 次印刷
开 本：710 毫米 × 1000 毫米 1/16　印 张：2.75
字 数：42 千字
定 价：15.00 元

PRINTED IN CHINA
凡有印装质量问题，本社负责调换。售后 QQ 号 1367565611，电话 010-82303590

目　录

第一部分　课程标准

一、课程基本信息

课程中文名称：语言学概论

课程英文名称：Introduction to Linguistics

课程类别：专业必修课

课程学时：每周4学时，共68学时

适用对象：汉语国际教育本科专业二年级学生

课程概述：本课程引导学生系统地掌握语言学的基本概念和理论以及语言学研究的基本方法和理念，为学生提高语言学理论水平和进一步学习其他语言学类课程奠定必要的基础。

二、课程具体说明

（一）课程性质、地位及作用

本课程为汉语国际教育本科阶段的专业必修课，通过对语言学基本理论的阐释和研究方法的讲解，构建学生的语言学理论框架，培养学生的语言学研究能力，为其学习其他语言学类课程提供知识储备，并为今后从事语言教学和研究工作奠定基础。

（二）教学基本要求

1. 知识：了解语言学的研究对象、任务和主要流派；理解语言学是现代科学的一个重要组成部分；系统地掌握语音学、语法学、语义学、词汇学和文字学诸方面的基本概念和理论；了解语言的产生、发展，以及语言和社会、大脑（认知）等的关系。

2. 能力：在学生学习语言学基础知识的过程中，培养其提出问题、分

析问题和解决问题的能力，加深其对汉语语言学及汉语教学的理解，树立语言学的学科规范意识。

3. 意义：通过系统学习本课程，学生能具备语言学的基本理论知识，运用语言学理论来分析语言现象，进而指导汉语教学与研究。

（三）教学方法和手段

本课程在教学时采取课堂讲授、学生讨论和课后研究相结合的方法。以教师课堂讲授为主，部分章节由学生通过课后研究进行主题报告或讨论。

教学手段主要采用课堂板书和计算机、投影仪等多媒体辅助教学。

（四）教学学时分配

课程内容	学时
引言	**2**
第一节 语言学的体和用	1
第二节 怎样学习语言学	1
第一章 语言和语言学	**5**
第一节 语言的本质	2
第二节 组合关系和聚合关系	1
第三节 语言学的学科分类及其基本任务	1
第四节 语言学和其他学科的关系	1
第二章 语言和社会	**5**
第一节 语言和社会文化	1
第二节 语言的社会分化和统一	2
第三节 语言变异和语言变体	2
第三章 语言和认知	**10**
第一节 语言反映人类的认知	1
第二节 认知语言学的基本假说	2
第三节 人类大脑的模块和机能	2
第四节 语言能力的成长	1

（续表）

课程内容	学时
第五节 语言习得	4
第四章 语音	**10**
第一节 语音研究的几个方面	2
第二节 语音的物理属性	1
第三节 语音的生理属性	1
第四节 语音的心理属性	2
第五节 语音的感知	2
第六节 音位的发现与归纳	1
第七节 音位的聚合和组合	1
第五章 语法	**8**
第一节 语法和语法学	2
第二节 语法形式和语法意义	2
第三节 语法范畴和表达语法范畴的语法手段	2
第四节 理论语法和教学语法	2
第六章 语义	**8**
第一节 语言的意义	2
第二节 语法的意义	2
第三节 句法和语义的接口	2
第四节 语用的意义	2
第七章 词汇	**6**
第一节 词和词汇	2
第二节 词汇系统	2
第三节 词义	2
第八章 文字	**6**
第一节 文字的性质、功能和构成要素	1
第二节 文字和语言的关系	2
第三节 文字的起源和发展	2
第四节 文字的类型	1

（续表）

课程内容	学时
第九章 语言的产生和发展	**4**
第一节 语言的产生和变化	2
第二节 语言要素的历时演变	2
第十章 语言的类型和谱系	**4**
第一节 世界语言概况	1
第二节 语言的类型分类	1
第三节 语言的谱系分类	2

（五）本课程与其他课程的关系

本课程需要学生先修完现代汉语、第二语言教学概论等专业必修课。

（六）教材及主要参考书目

1. 使用的教材

崔希亮. 语言学概论（第2版）[M]. 北京：北京语言大学出版社，2020.

2. 参考书目

费尔迪南·德·索绪尔. 普通语言学教程[M]. 高名凯，译. 北京：商务印书馆，1980.

布龙菲尔德. 语言论[M]. 袁家骅，赵世开，甘世福，译. 北京：商务印书馆，1980.

叶蜚声，徐通锵. 语言学纲要（修订版）[M]. 北京：北京大学出版社，2010.

赵元任. 语言问题[M]. 北京：商务印书馆，1980.

Ellis, R. *The Study of Second Language Acquisition* [M]. London: Oxford University Press, 1994.

Fromkin, V. et al. *An Introduction to Language (7th Edition)* [M]. 北京：北京大学出版社， 2004.

（七）课程考试和评估

考核形式：闭卷考试。

评价方式：形成性评价+终结性评价。

评分标准：期末成绩占总评分数的70%，平时成绩与期中成绩占总评分数的30%。

（八）课程学分

4学分

第二部分　教学大纲

引言

章节	教学要求	方法	学时分配
第一节 语言学的体和用	△重点： 1. 理解语言学的学科属性和社会属性； 2. 了解语言学与现代技术、语言教学、语文政策、语言学习、辞书编纂的关系，同时学会发现和分析日常生活中的语言学问题。	课堂讲授	1
第二节 怎样学习语言学	△重点： 掌握语言学的学习方法：理论联系实际、理解为本、勤读多思、开阔视野和培养独立解决问题的能力。 ○难点： 理解语言学的跨学科属性，加强对日常生活中的语言学问题的分析能力。	1. 课堂讲授：启发学生结合自身的学习经历思考学习语言学的方法； 2. 学生讨论：结合本章相关思考与练习题进行分组讨论，教师点评。	1

第一章　语言和语言学

章节	教学要求	方法	学时分配
第一节 语言的本质	△重点： 1. 理解语言的自然属性、社会属性和心理属性； 2. 了解人类语言和动物语言的根本区别； 3. 理解并掌握“所指”和“能指”的概念； 4. 理解语言的符号属性，区分共时语言学和历时语言学；	课堂讲授	2

（续表）

章节	教学要求	方法	学时分配
第一节 语言的本质	5. 了解形式主义语言学和功能主义语言学关于人类语言能力先天论和后天论的分歧； 6. 理解并掌握“语言”和“言语”的联系和区别，了解语言学的研究对象是语言，不是言语； 7. 理解语言的三个组成部分——语音、语法和语义在交际过程中的不同功能。 〇难点： 掌握语言的定义，区分“所指”和“能指”、“语言”和“言语”等概念并了解语言学界有关人类语言能力的重要观点。	课堂讲授	2
第二节 组合关系和聚合关系	△重点： 1. 理解语言符号的工作原理是组合和替换； 2. 理解组合关系和聚合关系是语言符号的重要特性。	课堂讲授	1
第三节 语言学的学科分类及其基本任务	△重点： 1. 了解语言学的主要分支学科及其各自的理论和目标； 2. 理解语言学的基本任务：（1）研究语言自身的结构和功能；（2）研究语言的发展变化；（3）研究语言在社会中的地位和作用。 〇难点： 掌握个别语言学和普通语言学、理论语言学和应用语言学、共时语言学和历时语言学、微观语言学和宏观语言学这四对语言学分支学科的区别和联系，并明确语言学的基本任务。	课堂讲授	1
第四节 语言学和其他学科的关系	了解语言学和认知科学、信息科学、物理学、医学、教育学以及其他相关学科的关系。	1. 课堂讲授； 2. 学生讨论：结合本章相关思考与练习题进行分组讨论，教师点评。	1

第二章　语言和社会

章节	教学要求	方法	学时分配
第一节 语言和社会文化	△重点： 1. 理解语言和社会的关系； 2. 理解语言和国家、民族的关系以及语言和文化的关系。 ○难点： 掌握称谓系统变化所反映出来的语言和社会的关系。	课堂讲授：启发学生结合自身的经历思考语言和社会、国家、文化等的关系。	1
第二节 语言的社会分化和统一	△重点： 1. 理解并掌握语言社会分化的原因以及语言社会分化所产生的三种语言现象：地域方言、社会方言和亲属语言； 2. 理解语言统一的原因和标志； 3. 了解共同语的形成基础和共同语规范化的重要领域及需要注意的几个方面； 4. 理解口语和书面语的联系和区别； 5. 了解语言分合的波浪扩散理论和中心向心力理论，理解语言接触的方式和结果、语言融合的因素和过程及其两种特殊形式——洋泾浜和混合语的特点和情况，同时了解人造国际辅助语——世界语的概念。 ○难点： 掌握语言社会分化的根本原因和基本情况，理解共同语进行规范化的影响和作用。	学生主题报告：结合本章相关思考与练习题做报告。	2
第三节 语言变异和语言变体	△重点： 1. 理解语言变异的概念和形成语言变异的原因，掌握语言变体的概念，并举例说明社会变体的类型； 2. 掌握社会方言和地域方言的概念，了解方言的概念层次和确立条件，以及方言划界的参考因素； 3. 了解双语或多语现象及其出现的原因。	1. 课堂讲授； 2. 学生讨论：结合本章相关思考与练习题进行分组讨论，教师点评。	2

第三章　语言和认知

章节	教学要求	方法	学时分配
第一节 语言反映人类的认知	△重点： 1. 理解语言的认知研究是语言学和心理学在理解人类概念结构方面的统合； 2. 理解人类语言与概念结构、外部世界和知识系统在结构上的对应关系； 3. 了解知识系统下的两种范畴化：基于原型的范畴化和基于图式的范畴化； 4. 了解认知语言学的研究方法以及语言意义的认知研究所涵盖的内容。 ○难点： 理解并掌握基于原型的范畴化和基于图式的范畴化之间的区别与联系。	1. 课堂讲授； 2. 学生讨论：指导学生结合词类问题等进行分组讨论，教师点评。	1
第二节 认知语言学的基本假说	△重点： 1. 了解认知语言学的一些基本理论：构型结构/图式化、视角、注意力分布、认知的物力论偏向、知识结构、概念结构、实与虚； 2. 理解认知语言学除了关心语言本身的问题以外，还关心跟语言密切相关的外部世界和内部世界（知性）的问题； 3. 了解认知语言学的一些理论模型：原型理论、标记论、范畴化理论、意象图式理论、隐喻和转喻、家族相似性理论、象似性动因假说、可触知性等。 ○难点： 理解认知语言学三元论的研究取向。	1. 课堂讲授； 2. 学生讨论：指导学生阅读认知语言学理论著作并进行分组讨论，教师点评。	2

（续表）

章节	教学要求	方法	学时分配
第三节 人类大脑的模块和机能	△重点： 1. 了解大脑的构造和不同模块区域的功能； 2. 在大脑模块理论的基础上了解语言和大脑的关系； 3. 理解布罗卡氏失语症和威尔尼克失语症。	学生主题报告：结合本章相关思考与练习题做报告。	2
第四节 语言能力的成长	△重点： 了解儿童语言能力的成长过程及其所经历的阶段。	学生主题报告：结合本章相关思考与练习题做报告。	1
第五节 语言习得	△重点： 1. 了解儿童语言习得的有关理论； 2. 了解儿童第一语言习得中语音习得、词义习得、构词法习得和句法习得的特点； 3. 理解第一语言习得和第二语言习得的联系和区别，以及学习者在语言能力、动机、学习策略、个性等方面所体现出来的个体差异； 4. 了解第二语言习得的研究范围和第二语言教学的研究内容； 5. 掌握有关第二语言习得的理论，如中介语理论、偏误分析理论等，并能举例说明其中常见的一些偏误类型。 ○难点： 从学习者角度理解并掌握第二语言习得的理论要点及其与第一语言习得的联系和区别。	1. 课堂讲授； 2. 学生主题报告：结合本章相关思考与练习题做报告。	4

第四章　语音

章节	教学要求	方法	学时分配
第一节 语音研究的几个方面	△重点： 1. 理解并掌握语音性质的界定和语音研究的三个平面——物理平面、生理平面和心理平面； 2. 掌握语音单位的几个基本概念：语音片段、音节、音位、音素和区别性特征； 3. 了解国际音标的制定原则和特点。 ○难点： 从语音研究的三个角度（说话人的角度、听话人的角度和信息传递的角度）来理解并掌握语音研究的三个平面。	课堂讲授	2
第二节 语音的物理属性	△重点： 1. 理解语音的形成是由物体振动引起的，并掌握相关的几个基本概念——波长、振幅、波峰、周期和频率； 2. 掌握语音四要素——音高、音强、音长、音质的概念及其在不同语言中的重要程度； 3. 了解纯音、乐音、噪音、基音、基频、共振峰等对音质进行音响分析的基本概念。	课堂讲授	1
第三节 语音的生理属性	△重点： 1. 了解语音的发音机制和人类的发音器官，熟记各发音部位的位置； 2. 理解并掌握元音和辅音的区别； 3. 理解元音的发音原理和分类，熟记元音舌位图； 4. 掌握辅音的发音部位和发音方法。	课堂讲授	1

（续表）

章节	教学要求	方法	学时分配
第四节 语音的心理属性	△重点： 1. 了解语音主观性的表现； 2. 了解语音感知方面的心理声学测量的常见实验方法：听辨实验、眼动实验和利用计算机模拟技术重构语音感知的过程； 3. 理解上下文对语音感知的影响，即语音感知的语境效应。 ○难点： 理解并掌握语音心理属性的表现形式。	1. 课堂讲授； 2. 学生讨论：结合心理声学测量的常见实验方法分组讨论语音感知的主观性，教师点评。	2
第五节 语音的感知	△重点： 1. 了解人耳的构造以及听觉器官接收、分析和识别语音的过程； 2. 理解发音、声波和听觉感知三者之间的复杂关系。	课堂讲授	2
第六节 音位的发现与归纳	△重点： 1. 掌握音位和音位变体的概念； 2. 理解音位归纳的原则，即对立的原则（分的原则）、互补的原则（合的原则）、语音相近原则（合的原则）、语音的系统性和经济原则； 3. 理解音位变体中条件变体和自由变体的概念及其与音位的关系； 4. 了解音质音位和非音质音位在不同语言中的作用。 ○难点： 理解并掌握音位变体的概念及其与音位的关系。	学生主题报告：结合本章相关思考与练习题做报告。	1

（续表）

章节	教学要求	方法	学时分配
第七节 音位的聚合和组合	△重点： 1. 理解音位的区别性特征和聚合关系； 2. 掌握音节和语流音变的概念，能举例说明常见的语流音变现象，如同化、异化、弱化和脱落。 ○难点： 理解并掌握音位的聚合和组合关系。	1.课堂讲授； 2.学生讨论：结合语流音变的常见形式分组讨论音位的组合关系，教师点评。	1

第五章　语法

章节	教学要求	方法	学时分配
第一节 语法和语法学	△重点： 1. 理解语法的性质和特性，掌握不同结构层次的语法单位（语素、词、短语、句子）的定义及其类别； 2. 明确对语法的几点认识：（1）语法是客观的；（2）每一种语言都有语法，书面语和口语都受语法关系的制约；（3）语感的建立和语境的构建有直接关系；（4）语法是人与外部世界之间的互动关系在语言中的体现；等等。 3. 理解并掌握语法学的概念、研究内容和分类。 ○难点： 明确对语法的认识，理解并掌握不同语法单位的定义。	1. 课堂讲授； 2. 学生讨论：学生在阅读重要语法学理论著作的基础上分组讨论对语法的认识，教师点评。	2

（续表）

章节	教学要求	方法	学时分配
第二节 语法形式和语法意义	△重点： 1. 理解语法包括形式和意义两个部分，并能举例说明语法形式和语法意义之间的关系； 2. 理解语法意义与概念系统中的意义不是一一对应的关系，了解语法意义是如何提取的。	1. 课堂讲授； 2. 学生主题报告：结合语法形式和语法意义之间的关系做报告。	2
第三节 语法范畴和表达语法范畴的语法手段	△重点： 1. 理解语法范畴的概念以及语言中常见的语法范畴，如性、数、格、时、体、态、人称； 2. 理解语法手段的概念以及分类，并能举例说明语言中常见的语法手段； 3. 理解语法的一致关系。 ○难点： 理解语法范畴与语法形式的照应关系，即语法的一致关系。	1. 课堂讲授； 2. 学生讨论：学生分组讨论语言中常见的语法手段，教师点评。	2
第四节 理论语法和教学语法	△重点： 1. 理解面向理论的语法研究和面向应用的语法研究有不同的取向； 2. 理解客观语法、专家语法与教学语法的概念以及三者之间的关系，了解形式主义与功能主义的区别，明确理论语法和教学语法的不同研究目标； 3. 了解汉语作为第二语言或外语的语法研究与应用的历史与现状、语言习得研究及其局限、教学语法体系，以及学和教的策略等问题。 ○难点： 理解并明确客观语法、专家语法与教学语法三者之间的关系，以及汉语作为第二语言教学语法体系的诸多问题。	1. 课堂讲授； 2. 学生主题报告：结合本章相关思考与练习题做报告。	2

第六章　语义

章节	教学要求	方法	学时分配
第一节 语言的意义	△重点： 1. 理解语义是语言所表达的意义，并包括语言意义和语法意义； 2. 理解语言的意义以层级网络的形式存储在人们的心理词典中； 3. 掌握语义学的概念，理解语义学的主要研究内容是语言单位的意义、语法的意义、句法和语义的接口问题以及语用意义。 ○难点： 理解并掌握语义所包含的语言意义与语法意义的区别与联系。	课堂讲授	2
第二节 语法的意义	△重点： 1. 理解指称意义的概念以及分类，即有指和无指、实指和虚指、定指和不定指、专指和泛指； 2. 理解功能意义的概念，并能举例说明； 3. 理解范畴意义的概念，并能举例说明； 4. 理解角色意义的概念，了解名词性成分的动态角色有哪些。 ○难点： 理解角色意义的研究与心理词典中存储的知识系统之间的关系。	1. 课堂讲授； 2. 学生讨论：学生分组讨论语法的功能意义、范畴意义，教师点评。	2
第三节 句法和语义的接口	△重点： 1. 了解 Fillmore 提出的格语法的理论框架； 2. 了解配价语法中的语义论元概念； 3. 了解自然语义原语概念。 ○难点： 理解句法和语义之间的互动关系。	1. 课堂讲授； 2. 学生主题报告：指导学生进行格语法、配价语法等的延伸阅读并做报告。	2

（续表）

章节	教学要求	方法	学时分配
第四节 语用的意义	△重点： 理解语用学中的预设意义、会话含义、蕴含意义和推断意义的概念。	课堂讲授	2

第七章　词汇

章节	教学要求	方法	学时分配
第一节 词和词汇	△重点： 1. 掌握词、词汇和词汇学的概念，理解研究词汇除了研究词汇的语音结构、语法结构外，最主要的还是研究词义； 2. 掌握词素、词、词组这三个词汇单位的概念； 3. 理解词根、词缀和词尾的概念，了解词的结构类型，并能举例说明合成词的复合式、附加式和重叠式这三种结构； 4. 了解熟语词和缩略语等特殊的词汇形式。 ○难点： 理解并掌握词汇的概念和词的结构类型。	1. 课堂讲授； 2. 学生讨论：学生分组讨论词的结构类型，教师点评。	2

（续表）

章节	教学要求	方法	学时分配
第二节 词汇系统	△重点： 1. 理解基本词汇和一般词汇的概念以及两者之间的关系； 2. 理解古语词和新词的概念，并能举例说明； 3. 理解口语词汇和书面语词汇的区别； 4. 理解标准语词汇和方言词汇的关系以及两者的差异； 5. 理解本土词汇和外来语词汇的概念，了解汉语借词的三种形式——借音、半音半意、意译，以及汉语外来语词汇的时间层次。 ○难点： 理解并掌握词汇系统的结构，能区别标准语词汇和方言词汇等。	1. 课堂讲授； 2. 学生主题报告：结合本章相关思考与练习题做报告。	2
第三节 词义	△重点： 1. 理解并掌握词义的概念和来源； 2. 理解词义的构成包括理性意义及由语体意义、比喻意义和搭配意义构成的色彩意义，并能举例说明； 3. 了解词义的基本特征，即概括性、模糊性、系统性、社会性和民族性； 4. 理解同义类聚和反义类聚的概念，掌握同义词的类型以及同义词辨析的四个方面，理解反义类聚所包括的意义相反、两极对立和连续统的两端的情况； 5. 掌握语义场的概念、类型和特点； 6. 理解义素和义素分析的概念，掌握义素分析的方法和程序。 ○难点： 理解并掌握同义词辨析的四个方面以及义素分析的程序。	1. 课堂讲授； 2. 学生讨论：学生分组讨论词义的构成，教师点评。	2

第八章　文字

章节	教学要求	方法	学时分配
第一节 文字的性质、功能和构成要素	△重点： 1. 理解文字的性质和功能； 2. 理解文字形、音、义三个构成要素的概念以及相互之间的关系。	课堂讲授	1
第二节 文字和语言的关系	△重点： 理解文字和语言的关系：语言的结构特点和语音特点影响文字系统的选择，文字形成系统以后也作用于语言系统。	课堂讲授	2
第三节 文字的起源和发展	△重点： 1. 了解原始社会的记事方法（结绳记事、刻木记事、图画记事）和文字起源的传说，理解社会的发展变化是文字产生的动因； 2. 了解汉字造字法，即象形、指事、会意、形声、转注和假借，并能简述文字演化的历史； 3. 了解文字改革的原因和方法，以及当前形势下汉字不能为拼音文字所取代的理由。 ○难点： 理解并掌握汉字造字法的知识，并明确在当前形势下汉字为何不能为拼音文字所取代。	学生讨论：学生分组讨论对汉字造字法的认识，教师点评。	2
第四节 文字的类型	△重点： 1. 了解世界文字的主要类型，即象形文字、表意文字、表音文字和字母文字，并能举例说明； 2. 了解三类字母文字的优点。	学生主题报告：结合本章相关思考与练习题做报告。	1

第九章　语言的产生和发展

章节	教学要求	方法	学时分配
第一节 语言的产生和变化	△重点： 1. 了解有关语言起源的一些假说，如拟声说、情感宣泄说、劳动起源说，并理解语言是人类劳动过程中的产物； 2. 掌握语言发展变化的内因和外因、语言发展变化的特点以及语言演化的证据。 ○难点： 理解并掌握语言发展变化的根本原因及重要特点。	1. 课堂讲授； 2. 学生讨论：学生分组讨论语言起源的一些假说，教师点评。	2
第二节 语言要素的历时演变	△重点： 1. 掌握语音演变的原因和规律性，了解研究语音演变的途径和方法； 2. 理解词汇演变尤其是词义演变的原因和结果； 3. 了解语法演变的具体表现。 ○难点： 理解并掌握语音、词汇和语法演变的主要原因和具体表现。	课堂讲授	2

第十章　语言的类型和谱系

章节	教学要求	方法	学时分配
第一节 世界语言概况	△重点： 1. 了解世界语言的概况； 2. 了解中国境内分布的语系及语言分属情况。	课堂讲授	1
第二节 语言的类型分类	△重点： 理解并掌握孤立语、黏着语、屈折语和复综语（编插语）的特征，并能举例说明。	学生主题报告：结合本章相关思考与练习题做报告。	1
第三节 语言的谱系分类	△重点： 1. 了解语言谱系分类的两种基本假设，即语言分化假设和原始语假设； 2. 了解语言谱系分类的含义和层次； 3. 认识世界主要语言的谱系分类，如汉藏语系、印欧语系、阿尔泰语系、闪-含语系、乌拉尔语系、高加索语系（伊比利亚-高加索语系）、南岛语系（马来-波利尼西亚语系）、南亚语系、达罗毗荼语系、尼日尔-刚果语系等。	学生讨论：指导学生分组讨论语言谱系分类的两种基本假设和世界上主要语言的谱系分类，教师点评。	2

第三部分　教学参考案例

一、教材及教学内容

（1）教材：《语言学概论》（第2版）（崔希亮著，北京语言大学出版社，2020）

（2）教学内容：第三章第五节“语言习得”

二、教学对象

汉语国际教育本科专业二年级学生，已修完现代汉语、第二语言教学概论等专业必修课。

三、教学学时

4学时

四、教学目标

（1）知识：了解第二语言习得中语音习得、词义习得、构词法习得和句法习得的基本理论，尤其是儿童第二语言习得的理论；理解并掌握第一语言习得和第二语言习得的联系和区别。

（2）能力：培养学生对第二语言习得现象的分析能力、将第二语言习得理论应用到汉语作为第二语言教学中的实践能力，提高学生汉语作为第二语言的教学能力和对第二语言习得相关问题的思考能力。

五、教学重点与难点

（一）教学重点

1. 了解儿童语言习得的有关理论；

2. 了解儿童第一语言习得中语音习得、词义习得、构词法习得和句法习得的特点；

3. 理解第一语言习得和第二语言习得的联系和区别，以及学习者在语言能力、动机、学习策略、个性等方面所体现出来的个体差异；

4. 了解第二语言习得的研究范围和第二语言教学的研究内容；

5. 掌握有关第二语言习得的理论，如中介语理论、偏误分析理论等，并能举例说明其中常见的一些偏误类型。

（二）教学难点

从学习者角度理解并掌握第二语言习得的理论要点及其与第一语言习得的联系和区别。

六、教学方法

课堂讲授和学生主题报告（结合本章相关思考与练习题做报告）。

七、教学环节

（一）导入

教师通过回顾儿童语言能力的成长过程，总结儿童语言能力的成长阶段，引导出第一语言习得中儿童语言习得的有关理论。

教师先展示一些2—3岁儿童所造的句子：

板书或PPT：

下面的言语片段是2—3岁儿童造出来的：

a my pencil

two foot

What the boy hit?

Other one pants

Mommy get it my ladder

Cowboy did fighting me

（二）第一语言习得

1. 儿童第一语言习得

板书或PPT：

→ 儿童早期的词汇和句子并不是简单模仿成人的话语。

↓

儿童在不同的语言环境和社会文化环境中习得了不同的语言，但他们习得语言的发展阶段却是相似的，具有普遍性。

↓

儿童具备语言习得机制（Language Acquisition Device, LAD）——→先天性假说

2. 第一语言习得的研究内容与方法

板书或PPT：

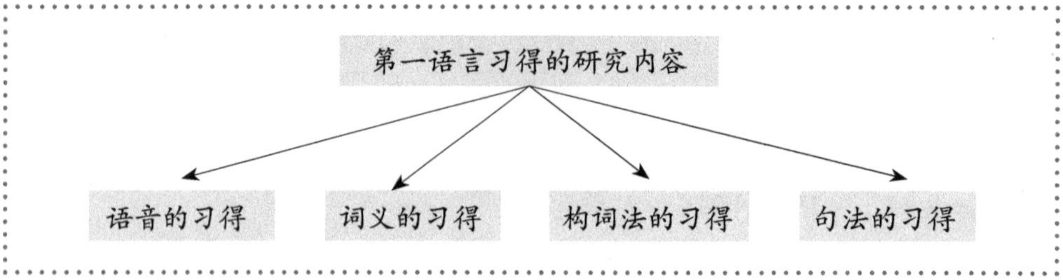

板书或PPT：

教师通过对儿童第一语言习得的语音习得、词义习得、构词法习得和句法习得过程的观察和研究，引导学生总结出两个结论：

（1）儿童的第一语言习得是他们自己完成的；

（2）儿童的第一语言习得是有规律可循的。

（三）第二语言习得

教师指导学生阅读Ellis的《第二语言习得研究》，指出书中所提到的三个重要方面，并概括出第二语言习得的研究范围和第二语言教学的研究内容。

板书或PPT：

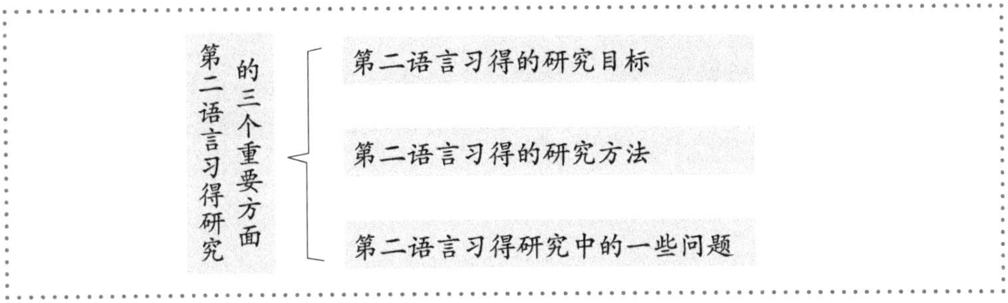

板书或PPT：

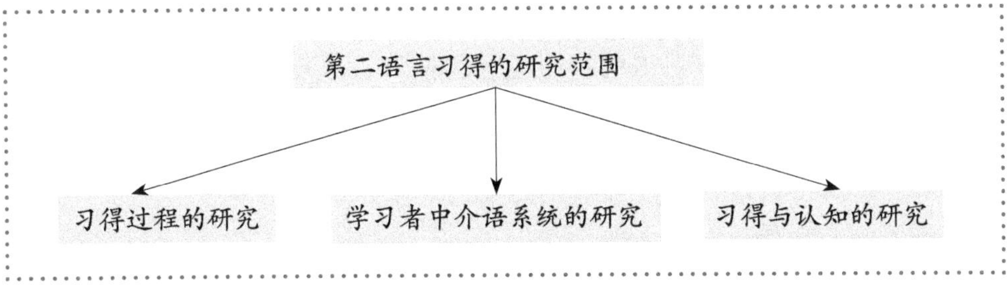

板书或PPT：

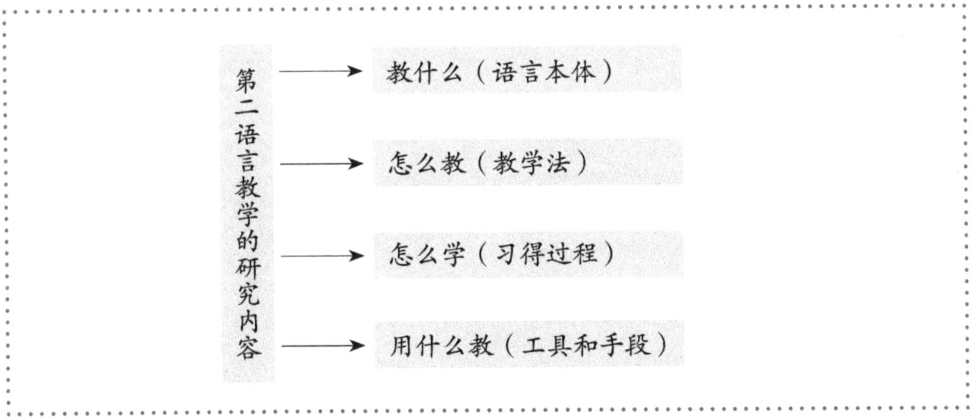

教师指导学生阅读与第二语言习得有关的理论，如中介语理论，着重指出第一语言习得和第二语言习得的联系和区别，尤其是偏误分析和语言项目习得顺序研究等方面，并举例说明其中常见的一些偏误类型。

1. 介词冗余

2. 框式介词缺少呼应词语

3. 介词出现的位置不当

4. 结构不完整

5. 词语搭配问题

6. 介词混用

（四）学生主题报告

教师指导学生掌握第一语言习得和第二语言习得的重要理论知识，并结合学生自身第二语言习得的经历做主题报告，重点在于理解第一语言习得和第二语言习得的联系和区别，以及从学生自身的角度出发，观察和研究在第二语言习得过程中个体在语言能力、动机、学习策略、个性等方面所体现出来的差异。

附　录

第五节　语言习得

无论从哪个角度看，语言都是一个非常复杂的系统，但是正如我们上面说到的，一个6岁的儿童已经掌握了非常多的词语和非常复杂的语法系统，尽管他并没有关于语法的概念和知识。每个人一生的时间都在学习阅读和书写，但是自然语言的习得好像轻而易举。而一个成年人学习另外一种语言，所花的时间和精力却可能远远超过一个6岁的儿童，他对母语之外的另一种语言的熟练程度也远不及自己的母语。这到底是为什么？儿童在习得自己的母语的时候，没有人教给他语法规则，那么儿童是如何又快又好地学会这么复杂的语言系统的呢？母语（第一语言）的习得与第二语言的习得有什么不同？

一、第一语言习得

1. 儿童第一语言习得

语言习得的机制是什么？早期的语言习得理论主要受到心理学中行为主义的影响，他们把语言看成一种可以直接观察的行为，认为儿童学习语言是通过模仿、强化、类推和联系的过程完成的（Foss and Hakes，1978）。但是有许多证据表明，儿童早期的词汇和句子并不是简单地模仿成人的话语。例如下面的言语片段是两三岁的儿童造出来的：

a my pencil

two foot

What the boy hit?

Other one pants

Mommy get it my ladder

Cowboy did fighting me①

也有证据证明，成人对儿童语言的强化并不能改变儿童语言习得的过程。成年人会纠正儿童的语法错误，并把正确的语法强加给他，但是下面的例子可以说明儿童语言习得是不受成人左右的：

Child: Nobody don’t like me.

Mother: No, say “Nobody likes me”.

Child: Nobody don’t like me.

（如是重复8遍）

Mother: Now, listen carefully, say “Nobody likes me”.

Child: Oh, nobody don’t likes me.②

儿童很早就具有了类推的能力，很多儿童语言习得的语法错误都是类推的结果，例如英语动词的不规则变化：

go	goed (went)
sleep	sleeped (slept)
speak	speaked (spoke)
keep	keeped (kept)
cut	cuted (cut)

① Fromkin V, et al. *An Introduction to Language(7th Edition)*[M]. 北京：北京大学出版社，2004.

② Chomsky N. *Language and Problems of Knowledge: The Managua Lectures*[M]. Cambridge, Massachusetts: MIT Press, 1988.

模仿、强化和类推理论不能很好地解释儿童语言发展的过程，因为它们是建立在这样一个假设上的：儿童习得的是一些句子，或者说儿童习得的是形式而不是语法规则。行为主义过分地强调了环境的影响，强调外部输入，忽视了儿童内在语法能力的成长。所以乔姆斯基认为："语言学习不是儿童所做的什么事情，而是儿童碰巧被放到了一个合适的环境中，正如同儿童身体的成长和成熟一样，都是按照既定的方式进行的，只要提供给他适当的营养和环境刺激就行。"[①]语言习得过程是一个创造性的过程。在儿童语言习得过程中并没有谁给他灌输明确的语法规则，也没有谁引导或者纠正他们，然而他们却从语言中自己汲取了语法规则。儿童在不同的语言环境和社会文化环境中习得了不同的语言，他们习得语言的发展阶段却是相似的，带有普遍性的。这些因素使一些语言学家相信儿童生下来就配备好了语言习得机制，使他可以很轻易地学会自己的语言。在这样的理念下，一些语言学家相信存在着一个叫作普遍语法的东西，这个普遍语法具有先天性或者叫遗传特性（innateness），这种假设叫作先天性假说。

2. 第一语言习得的研究内容与方法

第一语言习得的研究分为几个部分：语音的习得、词义的习得、构词法的习得和句法的习得。具体的研究方法是通过观察、分析、对比、概括，找到儿童语言习得在不同发展阶段的普遍特征，并由此推断儿童语言习得的内在机制。

（1）语音的习得

对于成年人来说，每个人都有一个自己母语的语音系统，在成年人的语音系统中，每个音都是范畴化了的。但是对于儿童来说，语音系统是慢慢地固定下来的，开始的时候他所能发的音是有限的。雅各布森（Jakobson）认为儿童开始学会的一些声音是全世界所有语言共有的声音，不管儿童听到的是什么声音，渐渐地，儿童开始学会他自己母语特有的一些语音。例如，大多数语言都有[p]、[s]这样的声音，但是[θ]却是一个比较少见的音。又如[b]、[m]、[d]、[k]在很多语言中

---

① Chomsky N. *Language and Problems of Knowledge: The Managua Lectures*[M]. Cambridge, Massachusetts: MIT Press, 1988.

都是很常见的音，因此在儿童语音习得早期应该是可以发现的。由于发音难易程度不同，语音习得也是有序的：从发音方法上看，鼻音最先学会，如[m]，其次是滑音、塞音、流音、擦音；从发音部位上看，首先学会的是唇音，然后是齿音、腭音、齿龈音等。语音习得的早期阶段，儿童可能不会区分清辅音和浊辅音，尽管他们可以意识到这种区别。对于在汉语普通话环境中成长的儿童来说，他可能根本没有机会区分清辅音和浊辅音，因为普通话的音位系统同部位的清辅音和浊辅音大多没有区别意义的作用，在语音习得的发展过程中不会固化为不同的音位，例如没有[b]和[p]、[d]和[t]、[g]和[k]的对立。

（2）词义的习得

儿童词义习得也是一个很有趣的问题。他什么时候开始学会把一些语音形式和具体的实物对应起来？这个过程起始于给事物命名。有一天孩子会忽然发现每一个事物都有一个名称，当他说出这些名称的时候，身边的大人们会有不同的反应。当孩子第一次学会说mama的时候，父母的兴奋是可想而知的，这种兴奋会鼓励孩子不停地重复这两个音节。开始的时候他把爸爸、妈妈甚至爷爷、奶奶都称作mama，这时候大人们会纠正他。孩子就是在这样的环境里学会了区分不同的事物，然后他就开始学习给不同的事物命名。他可能把狗称作“汪汪”，把猫称作“喵喵”。接着，儿童会超越对客观事物的认知，学会把“汪汪”和“喵喵”与图画书里的狗和猫对应起来，他的认知能力得到进一步发展。当然，儿童最早学会的词汇都是与他的生活经验密切相关的。一旦他发现了某些声音与某些具体事物有神奇的联系，他就会不断地拓展新的领域。我们还注意到，在儿童习得词义的过程中，免不了出现缩小词义或者扩大词义的现象，有一阶段他会把四条腿的毛茸茸的动物都叫作“汪汪”，或者当他学会识别“袜袜”的时候，他会把手套也称作“袜袜”。有时他会把“宝宝”当作自己专有的名字，不知道“宝宝”可以指称所有的孩子。当他学会“跳”这个动词时，所能联系的意义仅限于孩子在床上跟妈妈所做的游戏，他不会知道“跳舞”的跳、“跳水”的跳和“跳槽”的跳，因为在他生活的世界里，这些词义要到他长大以后才会遇到。

（3）构词法的习得

儿童对构词法的习得已经进入对规则的发现了。儿童在构词法习得的过程中会发生过度泛化的错误，如英语的不规则动词和不规则名词：

bringed　goed　drawed　runned

foots　sheeps　childs　mouses

这一类泛化的错误告诉我们：儿童在语言习得的过程中自己会发现规则，如果儿童习得语言的过程只是模仿的话，那么他就不会出现此类错误。对于母语是汉语的儿童来说，由于汉语没有印欧语系那样发达的形态变化，所以构词法与句法往往没有明显的分野。我们观察到3岁儿童自创复合词的例子：

火车人（火车司机）、汽车人（汽车司机）、飞机人（飞行员）

（4）句法的习得

有一些学者对母语为汉语的儿童进行了句法习得过程的观察和研究，如李宇明、陈前瑞、周国光、孔令达等。李宇明、陈前瑞（1998）研究了儿童问句的发展过程，周国光（1997）观察了儿童联合结构、双宾语结构的习得过程，孔令达（1994）观察了述宾结构、述补结构的习得过程，都取得了令人瞩目的成果。例如孔令达、丁凌云（2002）根据各种语义角色始现的时间排出一个儿童语言中体词性宾语语义成分发展的序列：

受事> 处所> 结果、与事> 系事、对象、工具、材料、内容、施事> 角色> 方式[①]

① 这些概念我们以后会用到，它们是句子中各组成成分的语义角色。

构词法和句法的习得已经不仅仅是语言习得的初级阶段，在这里，我们可以观察到许多有趣的现象，语言学的许多理论假设可以通过儿童语言习得的研究得到证实或者证伪。

第一语言习得的过程是一个尚未完全揭开面纱的秘密，但是有两点结论可以确认：第一个结论是儿童的第一语言习得是他们自己完成的，第二个结论是儿童的第一语言习得是有规律可循的。

二、第二语言习得

许多人都有学习外语的经验，你会发现学习一种外语比学习自己的母语要困难得多。学习掌握母语之外的任何一种语言的过程就是第二语言习得过程。Ellis 在《第二语言习得研究》（*The Study of Second Language Acquisition*）中介绍了第二语言习得的研究目标、研究方法，列举了第二语言习得研究中所存在的一些问题，其中包括学习者第二语言能力发展的模式、学习者的外部环境、学习者的内部因素、学习者的个体差异对第二语言习得过程的影响等。可见第二语言习得的研究范围是比较广泛的，概括地说有三大部分：一是习得过程的研究，二是学习者中介语系统的研究，三是习得与认知的研究。这些研究所涉及的问题包括学习者的偏误分析、学习者目的语语言能力的发展（语音系统的发展、语法系统的发展、词汇系统的发展、文字系统的发展、语言应用能力的发展、分技能语言能力的发展等等）、影响第二语言习得效果的外部因素、语言项目的习得顺序、学习者的学习动机对第二语言习得效果的影响、学习者学习策略研究、学习者的焦虑对第二语言习得效果的影响、文化差异对第二语言习得效果的影响、母语的迁移作用对第二语言习得的影响等等。

第二语言教学主要研究四个方面的问题：教什么（语言本体）、怎么教（教学法）、怎么学（习得过程）、用什么教（工具和手段）。其中怎么学所涉及的问题就是第二语言习得的过程。第二语言习得与第一语言习得不同，对于学习者来说，他已经有了关于世界的知识和自己母语的知识，可以运用自己的母语进行交际，学习者的认知能力也已经相当成熟，按理说第二语言习得应该比第一语言习得容易得多；然而事实正好相反，学习者的第二语言习得会面临着许多挑战。学习者第二语言习得的成绩远远不如他的第一语言习得。由于母语的负迁移作用，第二语言习得的学习者会有很多偏误。无论是天才还是普通人，只要是正常人都可以成功地完成第一语言习得的过程，但是对于第二语言习得来说，情况则很不同：有的人表现出很高的语言天赋，有的人则毫无希望。有人可以在几年时间内学会几种外语，而有人学习外语十几年，还是无功而终。学习者的年龄、性别、天赋、学习动机、第一语言的情况、语言环境、学习其他语言的经验、学习环境、教材和教师等因素都会影响其第二语言习得的结果。从这个意义上说，第二语言习得与第一语言习得是不同的。但是也不能说第二语言习得与第一语言习得一点儿相似性都没有。无论是第一语言习得还是第二语言习得，都不是一蹴而就的，都要经过不同的阶段，第二语言学习者在习得目的语语法的时候也跟儿童习得母语一样，会经过一个类推的阶段和语法规则过度泛化的阶段。第二语言学习者也会有偏误，但是其偏误类型与第一语言习得不同。第二语言学习者在使用目的语的时候所说出来的一段话语、写出来的一段篇章叫作中介语（interlanguage）。中介语指的是第二语言习得过程中逐渐接近目的语的语言现象。第二语言学习者根据自己的经验所获得的关于目的语的语法规则叫作中介语语法（interlanguage grammar）。我们以欧美学习者的汉语中介语现象为例，来看一下介词习得的一些偏误，从中可以窥见中介语语法的一些偏误类型（崔希亮，2005）：

（1）介词冗余

对于欧美学习者来说，过度使用介词是一个突出的问题，很多不需要用介词的地方都加上了介词，尤其是“在”被过度使用的例子比比皆是。例如（句中其他偏误已处理）：

在北京城里很热闹。（英）

在冬天的时候气温差不多十七度。（英）

在炉子里的木头很香。（德）

在北京有很多名胜古迹：故宫、香山、北海等。（俄）

在客厅旁边有厨房。（法）

（2）框式介词缺少呼应词语

汉语中存在着一种被称为框式介词的结构形式（刘丹青，2002），如“在……上”“在……里”“在……中”“在……内”“在……下”“从……上”“从……中”“从……里”等表达空间方位的介词结构，在这些框式结构中，介词的宾语是一个由名词加上方位词构成的方位结构。在有些语法条件下，介词可以直接带名词宾语，不需要方位词参与，如“我在礼堂等你”；而在另外一些语法条件下，介词的宾语必须是一个方位结构，如“在黑板上写字”。命名性处所词不需要加方位词，可以直接做介词“在”的宾语，而普通名词必须以方位结构的形式出现在“在”的后边。在欧美学习者的中介语中我们发现以下一些偏误（括号里的方位词是我们加上的，句中其他偏误已处理）：

我们在火车（上）坐了两三个小时。（英）

他的眼镜掉在海（里）了。（法）

大理的三塔天气晴的时候能在湖水（中）看到倒影。（德）

其实退休金是从年轻人的工资（中）扣出来的。（法）

突然我听见了轰隆声，就觉得我从船（上）飞了出去。（俄）

（3）介词出现的位置不当

从语法位置上看，现代汉语的介词有两类：一类介词只能出现在谓语主要动词之前，如“把”“被”“比”“跟”“从”“朝”“对”等；还有一类既能出现在主要动词之前，又能出现在主要动词之后，如

“在”“于”“给”“与”“向”“往”。如果把第一类介词放在了动词之后，那就是比较明显的错误，是容易判断的；但是问题常常出在第二类上，例如“在”，什么时候应该出现在前面、什么时候应该出现在后面、不同的位置在意义上有什么不同等，这些问题常常困扰着学习者。我们看下面的例子（括号中的句子是修改过的）：

可是《圣经》常常说：“别怕我在跟你一起（我跟你在一起）。”（英）

我想学习汉语在北京语言学院（在北京语言学院学习汉语）。（俄）

他的父亲是一个牧民在一个小村子（在一个小村子是一个牧民）。（西）

我只用三分钟从宿舍到教学楼（从宿舍到教学楼只用三分钟）。（俄）

以前我听说长城能看到从宇宙（从宇宙能看到长城）。（俄）

介词出现位置不当的例子很多，从总体上看，印欧语系背景的学生在初级阶段喜欢把介词结构放在主要动词的后边，这大概是受了母语负迁移的影响。有时介词的位置会跟其他的偏误纠缠在一起，形成复合型偏误。

（4）结构不完整

另外一种偏误类型就是结构不完整。介词不能单独充当句子成分，介词结构不能单独成句（除非做标题）。下面的例子或者有介词没有宾语，或者有宾语没有动词。我们知道介词结构在句子中的作用是做状语或者做补语，它们都不是核心成分，状语是修饰动词的状语，补语是修饰动词的补语，核心成分是动词。

所以如果丈夫或者妻子死了，别人就在一个人住在（介词没有宾语）。（法）

另外，在树林里，谈恋爱的人在树丛的遮蔽下（没有谓语动词）。（法）

（5）词语搭配问题

词语搭配错误是典型的偏误类型，而且是具有广泛意义的偏误类型，无论什么语言背景的人，都会在词语搭配上犯错误，即使是说母语的人，也会犯词语搭配方面的错误（见下例，括号中的词是我们加上的）。

因为他们的势力根据（盘踞）在东北。（英）

可是忽然我们看（到）一个男人，他向我们的船游泳（游来）。（法）

（6）介词混用

介词混用是一个比较常见的偏误类型，虽然不同的学习者混用的介词不同，但是基本上可以看出混用的介词彼此之间在意义上有关联。例如：

我在（到）那去接你，行不行？（德）

小妖精们给（让）他了解她们的生活。（英）

他结束以后我给（跟）他打了个招呼。（西）

他好多次给（跟）我们说对不起。（俄）

来北京以后我发现了北京的天气比（跟）莫斯科的不一样。（俄）

我母亲的脾气比（跟）父亲的相反。（法）

我们对（就）过圣诞节的事儿一起讨论了两个小时。（俄）

偏误分析只是第二语言习得研究的一个方面。我们再以一个个案来说明第二语言习得研究的另外一个侧面——语言项目习得顺序的研究。施家炜（1998）选择了22类现代汉语句式，考察第二语言学习者对这些句式的习得顺序。

语言习得是一种在大脑支配下的认知行为。第一语言习得往往是非自觉的认知行为，而第二语言习得大多数情况下是一种自觉的认知行为。为了区分这两种不同的语言认知行为，有人主张第一语言习得称作“习得”，第二语言习得称作“学习”，以此来彰显非自觉认知行为与自觉认知行为的不同。我们认为没有必要特意对“习得”和“学习”这两个概念加以区分，因为习得也好，学习也好，都是大脑认知机能的具体体现，都可以反映出语言和大脑（认知）之间的关系。

思考与练习

1. 语言和大脑的关系有哪些问题需要我们进一步探索？
2. 儿童语言能力的成长过程说明了什么？从中可以看出语言和大脑的哪些联系？
3. 认知语言学对于我们了解语言和大脑的关系有没有帮助？
4. 第一语言习得和第二语言习得有什么联系和区别？

延伸阅读

崔希亮. 欧美学生汉语介词习得的特点及偏误分析[J]. 世界汉语教学，2005（3）.

刘丹青. 汉语中的框式介词[J]. 当代语言学，2002（4）.

孔令达，丁凌云. 儿童语言中体词性宾语语义成分的发展和相关问题的讨论[J]. 语言文字应用，2002（4）.

施家炜. 外国留学生22类现代汉语句式的习得顺序研究[J]. 世界汉语教学，1998（4）.

Chomsky N. *Language and Problems of Knowledge: The Managua Lectures*[M]. Cambridge, Massachusetts: MIT Press, 1988.

Ellis R. *The Study of Second Language Acquisition*[M]. London: Oxford University Press, 1994.